# 완전한 만남

## Das Glück der Begegnung

지은이 안젤름 그륀 Anselm Grün · 옮긴이 최영균

## 만난다는 것은 내가 되는 것

철학자 카스퍼Bernhard Casper는 만남에 대해 이렇게 말한다. "나는 너를 나 자신으로 만나고, 마찬가지로 너는 나를 너 자신으로 만난다." 만남은 인간 삶의 본질 중 하나이다. 만남을 통해 인간은 자신의 본질을 발견하고 자신의 삶을 확장시킨다. 나와 마주하는 '너'가 있기에 '나'라는 말의 의미가 가능해진다. '너'를 고백하고 '너'와 함께 일할 때 '나'라는 말도 호칭되고 '나'라는 한 주체가 세상 안에서 의미를 갖는다. 세상 사람 아무도 없이 홀로 산다면 '나'라는 말은 들어보지도 못할 것이고 '나'라는 사람이 하는 일은 '나'라는 의미성을 세상 안에서 갖지 못할 것이다.

대화는 마주 서서 보는 것이지 자기의 틀 속에 갇히는 독백이 아니다. 타인과 만난다는 것은 자신의 관심을 상대방의 언어와 행동 속으로 내맡기는 것이다. 누군가를 만난다는 것은 그것이 사람이건 일이건 나의 관심과 내 존재를 전적으로 투신하는 것이며 그렇게 함으로써 만남은 성공할 수 있다. 그것은 내가 다른 누군가가 된다는 의미가 아니다.

　이 책의 저자 안젤름 그륀Anselm Grün은 유명한 독일 베네딕토 수도회의 수도승이다. 그륀은 인간 체험의 비루한 현장에서 우리가 신성神性을 만나고 이 만남을 통해 우리가 억압에서 해방되고, 병으로부터 치유되며, 그리고 이 모든 죽음으로부터 부활할 수 있다는 희망을 전해 준다. 만남이라는 제목의 이 책은 타인과의 만남을 성공시키는 기술을 전해 주지 않는다. 오히려 잃어버린 자아를 찾을 수 있는 길을 동서고금의 문헌과 성서를 섭렵한 저자의 혜안을 통해 바로이 책 속에 함축적으로 고스란히 담고 있다. 그륀은 성공적인 만남을 통해 자신이 누구인지를 발견하고 더불어 살아가는 삶 속에 알알이 영글어 있는 행복의열매를 얻는 지혜를 빌려 준다.

　끝으로 38년 동안 교육 현장에서 만남이 무엇인지 보여주시고 이제 자연과의새로운 만남을 준비하고 계신 아버지와의 만남을 생각하며, 그 만남이 내가 누구인지를 알게 했고 나를 얼마나 행복하게 했는지 고백해본다.

2005년 8월 분당골에서

옮긴이 최영균

# 만남의 신비

마르틴 부버Martin Buber나 프란츠 로젠츠바이크Franz Rosenzweig 같은 유대인 철학자들이 만남의 신비에 대해 특히 많은 생각을 했습니다. 마르틴 부버는 다른 사람과의 만남이나 하느님과의 만남을 인간이 자신을 찾고 고유한 자아를 발견하는 데에 꼭 필요한 본질적인 전제조건으로 보았습니다. 그래서 그는 이런 말을 했습니다.

"나는 네가 될 것이다. 그때 나는 내가 될 수 있다."

만남을 통해 우리는 내가 누군지를 알게 된다. 내 안에 숨겨져 있던 여러 면들을 깨닫기 때문이다. 지금까지 숨죽이고 있던 것들이 내 안에서 살아 숨쉬기 때문이다. 만남은 새로운 삶을 불러일으킨다.

## 경이로운 만남

그리스의 철학과 문학은 늘 만남의 신비를 생각해 왔습니다. 그리스 사람들은 우정과 신의信義에 높은 가치를 두는 민족이었습니다. 만남은 우정에 속하는 것입니다. 그리스의 서사시는 경이로운 만남의 사건들을 이야기했습니다.

이러한 전통에서 가장 먼저 떠오르는 사람은 예수의 일생과 말을 기록한 루가입니다. 루가는 그의 복음서에서 감동적인 만남을 이야기합니다. 나는 그가 말하는 만남의 모습이 오늘날 우리의 만남에서도 일어날 수 있는 모습이라고 생각하고 싶습니다. 그 만남이 성공적인 것이라면 말입니다.

우리 안에서 성공적인 만남을 간절히 원할 때 우리는 만남을 이야기할 수 있다.

## 천사와의 만남

내가 보기에 성공적인 만남의 첫 모습은 천사가 나자렛에 있는 마리아의 집에 나타나 아들을 낳을 것이라고 알리는 장면입니다.(루가 1,26~38)

만남이 성공적일 때 우리는 종종 천사를 만났다는 느낌을 받습니다. 그럴 때 내가 만난 그 사람은 마치 하느님께서 보내신 천사처럼 보입니다. 그 순간 그 사람은 움추려 있던 나를 일으켜 세우고 내게 변화를 주는 말을 건네옵니다. 천사가 마리아에게 한 아이를 약속하듯이 말입니다.

만남은 언제나 창조적이다. 만남은 내 안에서 무엇인가를 움직이게 한다. 만남은 나의 진솔한 모습을 드러내 준다. 만남은 내 안에서 새로운 것을 만들어낸다. 만남은 내 안에 한 아이, 곧 내 안에서 자랄 수 있는 새로운 것과 근원적인 모습을 잉태하게 한다.

# 진실한 나를 보게 되는 만남

천사와 만남이 있은 후 마리아는 사촌 엘리사벳에게 갑니다.(루가 1,39~56) 그리고 마리아는 이제 엘리사벳에게 새로운 삶을 불러일으키는 천사가 됩니다. 루가는 참으로 아름다운 장면을 그려 보여주면서 무엇이 성공적인 만남을 우리 안에서 이끌어 낼 수 있는가를 가르쳐 줍니다.

엘리사벳의 몸 안에서 '그의 아기가 뛰놉니다.' 그는 살아 숨쉬게 됩니다. 느끼게 됩니다. 자신 안에서 새롭고 거짓 없는 진실과 근원적인 것을 느끼게 됩니다.

만남은 언제나 기쁨과 생기와 순수함을 가져다줍니다. 나는 사람들과의 만남에서 진실한 나를 접하고, 하느님께서 나를 통해서 만드신 유일하고 거짓 없는 모습을 바라봅니다.


나는 지금까지 내 안에 숨어 있던 근원을 발견한다. 내 안에서 무엇인가가 뛰놀게 된다. 나는 움직인다. 그리고 이제 나는 내 주위에 있는 것들을 움직인다.

## 선을 이끌어 내는 만남

엘리사벳은 마리아를 축복합니다. 나이 든 여인이 젊은 여인을 축복합니다.(루가 1,39~45) 이것은 참 아름다운 만남의 한 장면입니다. 만남은 축복을 가져다줍니다. 축복하다는 말은 라틴어로 베네디체레benedicere입니다. '선善을 말하다, 다른 사람에 대해 좋게 말하다'라는 뜻입니다.

나는 구박을 받으며 살았다고 느끼는 많은 사람들을 알고 있습니다. 그들은 어렸을 때 심한 말을 많이 들었습니다.

"세상에 너 같은 인간은 또 없을 거다. 꼴도 보기 싫다. 내 눈앞에서 꺼져라!"

그런 푸대접을 받은 사람들은 자신이 이 세상에서 환영받는 사람, 선한 사람이라는 뜻이 담긴 축원의 말을 듣고 싶어합니다. 축복의 말은 그 말을 듣는 사람에게서 선善을 이끌어 냅니다.

누군가에게 선한 말을 하면서 우리는 선을 믿게 된다.

## 치유의 만남

마리아의 아기가 태어났을 때, 그 아기를 제일 먼저 만난 이들은 목동들입니다.(루가 2,8~20) 때로는 단순하고 가난한 사람들이 이성적이고 부유한 사람들에 비해 더 참된 만남을 가질 수 있습니다.

루가가 묘사하는 친밀한 만남은 예로부터 사람의 마음을 감동시켜 온 만남입니다. 목동들은 그 아기를 자신들의 상처를 낫게 해주시는 분, 어둠 속에 빛을 비추시는 분, 그들의 마음을 희망과 평화로 가득 채워 주시는 분으로 여겼습니다.

참된 만남에서 상처는 치유된다. 그 만남에서 우리는 조건 없는 사랑을 받는다고 느낀다. 이제 더는 상처로 아파하지 않는다. 그리고 우리의 마음은 목동들이 그러했던 것처럼 밝고 따뜻해진다. 우리는 내적 평화와 우리를 둘러싸고 있는 모든 불행보다 더 깊고 평온한 기쁨을 느끼게 된다.

# 나이 든 사람과 어린아이의 만남

나이 든 사람이 어린아이를 만날 때, 그가 그 만남에서 경이로움을 맛본다는 것을 우리는 압니다. 어린아이는 나이 들고 완고한 사람의 얼굴에 미소를 번지게 합니다. 어린아이는 판단하거나 평가하지 않습니다. 어린아이는 자신의 근원적 기쁨과 생기를 나이 든 사람에게 보여 주며 그에게 새로운 삶을 가져다줍니다.

　나이 든 사람은 어린아이를 만나면서 다시 젊어집니다. 루가는 나이 든 사람과 아기예수 사이에 이루어진 만남을 그리고 있습니다. 어린아이를 보며 나이 든 사람에게 비추는 밝은 빛을 본 사람은 시므온입니다.(루가 2,22~35)

만남은 마주하는 두 사람을 언제나 넘어선다. 그리고 끝없는 지평선을 연다. 만남으로 우리는 온 세상을 새로운 눈으로 본다. 두 사람이 진실로 서로를 마주할 때 세상은 더욱 밝아진다.

## 현명한 여인과의 만남

나이 들고 현명한 여인들은 종종 만남의 스승이 됩니다. 그 여인들은 이제 잃을 것이 아무것도 없습니다. 자신을 드러내 밝히거나 증명해야 한다는 중압감을 초월해 있습니다. 온갖 욕구를 벗어나 있는 그대로 자신 안에 서 있는 것입니다.

　루가가 이야기하는 안나가 바로 그런 나이 들고 현명한 여인입니다.(루가 2,36~38) 안나는 84세입니다. 숫자 4는 네 가지 요소를 말합니다. 그는 두 팔과 두 다리의 힘으로 이 땅 위에 서 있습니다. 8이라는 수는 초월과 영원을 가리킵니다. 안나는 영원의 신비 속에 봉헌된 사람입니다. 아기를 만났을 때, 그는 아기에게 참된 신비가 있음을 간파했습니다. 모든 겉모습을 꿰뚫어 보고, 진리 안에서 우리가 누군지를 알려주는 현명한 여인을 만난다면, 우리는 감사해도 좋을 것입니다.


그러한 현명한 자와의 만남은 우리에게 깊은 인상을 남긴다. 그때 우리는 자기 내면의 지혜와 마주보게 된다.

# 내 안의 위험한 만남

우리는 호의적이고 친절한 사람만 만나는 것이 아니라 우리에게 해를 끼치려는 사람도 만납니다. 루가는 광야에서 모든 것을 뒤죽박죽으로 만드는 악마와 예수의 만남을 이야기합니다.(루가 4,1~13) 이 만남은 사실 타인과의 만남이 아니라 우리 자신과의 만남입니다. 그리고 이 만남은 우리를 혼란스럽게 만듭니다. 그래서 우리는 인간적으로 약한 이런 면이 드러나지 않도록 다른 사람들 앞에서 조심해야 한다는 것을 본능적으로 느낍니다.

그러나 그 만남 속에도 하나의 기회가 있습니다. 그러한 만남에서 우리는 지금까지 억눌러왔던 자신의 그림자를 만나는데 그것은 바로 위험과 두려움을 만나는 것입니다. 참된 인간이 되는 것은 혼자 힘으로 이루어지지 않습니다. 참된 진리를 만나야 하며, 그럼으로써 자신을 두려워하지 않고 살아갈 수 있고 참된 인간이 될 수 있습니다.

우리는 깊은 나락에 빠져 있는 자신의 영혼을 무수히 만난다. 그리고 우리는 그 나락 속에 도약판이 얼마나 가까이 있는지를 느낀다. 그러하듯이 어둠과의 만남은 칠흑 같은 암흑이 하느님의 빛 안에 있다는 것을 일깨워 준다.

## 실패한 만남

성공적이지 못한 만남도 있습니다. 만남이라는 말에는 대립이라는 의미가 담겨 있습니다. 나는 상대방과 적대관계에 놓일 수도 있습니다. 나는 그가 지닌 신비를 알려고 하지 않으며 그와 한편이 되려고 그를 바라보지도 않습니다. 오히려 나는 적대감을 가지고 그를 바라봅니다.

예수는 나자렛의 회당에서 고향사람들을 만났을 때 만남의 실패를 경험했습니다.(루가 4,16~30) 친척들과 지인들이 선입견을 가지고 그를 예전 모습으로 고정시켜 보았기 때문입니다. 실로 만남은 언제나 새로운 것과 알려지지 않은 것을 향해 열려 있습니다.

만남 속에서 우리는 자신에게 끊임없이 물음을 던지고 변화를 받아들일 준비가 되어 있어야 합니다. 내 안에 이미 이루어진 모습이나 의견을 가지고 만남을 갖는다면, 그 만남은 실패로 끝날 것입니다.

참된 만남에서 우리는 처음 들어갈 때와 다른 모습으로 나오게 된다. 늘 옛날에 머무르며 자신을 정당화하고 옹호한다면, 우리는 다른 사람들과 참된 만남을 갖지 못하고 새로운 것, 알려지지 않은 것과 참된 관계를 가질 수 없다.

# 전쟁과 같은 만남

만남은 종종 전쟁일 때가 있습니다. 만남의 초기에는 상반되는 것들이 서로 부딪칩니다. 그럼에도 우리가 함께 나란히 설 준비가 되어 있다면 새로운 협력이 가능할 것이고 치유도 일어날 수 있습니다.

　루가는 이처럼 전쟁과도 같은 만남을 이야기합니다. 가파르나움의 회당에서 예수는 첫 설교를 하는데, 악령에 사로잡힌 한 남자가 소리를 지릅니다.(루가 4,31~37) 어떤 만남에서 지금까지 억압해 오던 자신의 내적 진실을 만나게 되면, 나는 그에 저항할 것입니다. 그러나 자신과의 진솔한 만남은 필요하며, 그럼으로써 만남은 성공적이 됩니다. 나는 나 자신의 우울한 정신으로부터, 또한 나의 문제를 다른 사람에게 전가하는 마음의 감옥으로부터 자유로워져야 합니다.


처음에는 낯설고 이해할 수 없는 듯이 보이는 사람을 만나는 것이 때론 내 안에서 치유가 일어나게 한다. 만남은 나를 신경증적인 삶에서 자유롭게 해주고 참된 존재로 나를 이끌어 준다.

## 감동적인 만남

우리를 깊이 감동시키는 만남이 있습니다. 우리가 어떤 성스러움을 지닌 사람을 만날 때 그러한 감동을 받습니다. 우리는 우리에게 달리 보이는 신비로 가득한 것 앞에서만 고개를 숙일 수 있습니다. 첫 제자들과 예수의 만남이 그러한 만남입니다. 예수는 문득 그들에게 그물을 던지라고 합니다.(루가 5,1~11) 예상 밖으로 그물이 물고기들로 가득 찬 것을 보고, 베드로는 예수 앞에 무릎을 꿇습니다. 베드로는 예수에게서 자신의 생각을 뛰어넘는 무엇인가를 인식합니다. 베드로는 예수에게서 하느님의 신비를 느낍니다. 동시에 베드로는 자신이 헛되게 살아왔음을 깨닫습니다. 베드로는 이제까지 접하지 못했던 다른 본질을 만났기 때문에 자기 삶의 거짓을 아프게 느낀 것입니다.

내가 다른 사람을 선입견 없이 만날 때 분명해지는 것은, 나의 삶을 변화시켜야 한다는 사실이다. 그냥 지금처럼 계속 살아서는 안 된다. 다른 사람과의 진정한 만남은 새로운 출발을 하도록 해준다.

## 에로스적인 만남

남녀 사이의 만남은 에로스적인 면을 가질 때가 종종 있습니다. 무엇인가 가 그들 사이를 이리저리 휘몰아칩니다. 겉으로 보기에는 예수와 죄지은 여인의 만남에 에로스적인 면이 있는 것처럼 느껴집니다.(루가 7,36~50) 루가는 죄지은 여인이 어떻게 초대도 받지 않고 바리사이파의 집에 들어 가 예수에게 가까이 다가갔는지를 전문가답게 설명합니다.

그 여인은 자신의 눈물로 예수의 발을 씻고, 자신의 머리카락으로 예수 의 발을 닦고, 값비싼 향유를 예수의 발에 바릅니다. 예수는 그 여인의 에 로스적 접촉을 막지 않습니다. 예수는 그 여인의 사랑과 열망을 알아차렸 으나, 그 여인을 비난하지 않고 오히려 완전히 받아들입니다.

예수는 그 여인이 조건 없이 사랑받고 있다고 말해 줍니다. 예수는 자신을 위해 그 여인을 수용한 것이 아니라 생명을 위해 그 여인을 받아들입니다.

에로스적 만남에서 상대방을 정복하는 대신 아껴주고 존경한다면, 아주 깊은 친밀감이 일어나고 그와 동시에 우리의 영혼에서 용솟음치는 순수한 사랑을 위한 만남이 우리 앞에 열리게 된다.

## 거룩한 변화를 주는 만남

우리가 경험할 수 있는 가장 심오한 만남은 하느님과의 만남입니다. 우리는 고요함 가운데 또는 기도하는 가운데 하느님을 느낍니다. 아름다운 창조물에서 하느님을 만납니다. 우리는 어떤 사람의 빛나는 얼굴에서 하느님을 볼 수 있습니다. 제자들이 예수와 함께 산 위에 갔을 때 그러했습니다. 예수가 기도하고 있을 때 그의 얼굴은 거룩하게 변했습니다.(루가 9,28~36)

우리는 그런 만남을 알고 있습니다. 상대방의 얼굴이 갑자기 환하게 빛나면서 우리가 지금까지 보지 못했던 어떤 것이 보입니다. 그러면 갑자기 모든 것이 아주 분명하고 명확해집니다.

우리는 그런 사람들 안에서 하느님의 빛나는 아름다움과 같은 것이 우리에게 빛을 뿜어내는 것을 느낀다. 그때 우리는 하느님을 만난다. 우리는 그 만남을 꼭 붙잡고자 한다. 이를 더 연장하려고 베드로처럼 집 세 채를 지으려 한다. 그러나 우리는 늘 다시 일상으로 되돌아와야만 한다.

# 귀 기울여 듣는 만남

우리는 만남에서 상대방을 고유한 존재로 느끼지 않을 때가 많습니다. 우리는 그를 우리가 이해하는 방식으로 고정해서 보려 합니다. 그것은 진실한 만남을 방해합니다. 예수가 마르타와 마리아의 집에 왔을 때 마르타는 얼른 시중을 들기 시작합니다. 마르타는 예수에게 먹는 것 외에 다른 아무것도 필요치 않다고 생각한 것입니다. 그러나 동생 마리아는 예수의 발치에 앉아서 예수가 무엇을 말하는지 들으려 합니다.(루가 10,38~42)

마르타와 마리아는 우리에게 존재하는 두 가지 모습입니다. 우리는 종종 마르타처럼 상대방에게 정말 필요한 것을 보지 않습니다. 내 식대로 상대방의 필요를 이해합니다. 그 사람이 우리에게 말하는 것을 귀담아 듣지 않고 이내 행동에 들어가곤 합니다.

내가 만나는 사람에게 귀 기울이는 시간을 가질 때 비로소 만남은 성공적으로 이루어진다. 무엇이 그 사람을 움직이는가? 그가 열렬히 되고자 하는 것은 무엇인가? 무엇이 그에게 유익함을 주는가? 만남에는 귀 기울여 듣는 마음이 있어야 한다. 그럼으로써 나는 다른 사람과, 그리고 나 자신과 하나될 수 있다.

# 스쳐 지나가는 만남

우리가 다른 사람이 누구인지 전혀 보지 못한다면, 그런 만남은 성공을 거두지 못합니다. 우리는 만나는 사람들을 생각없이 스쳐 지나갑니다. 오늘날 우리는 많은 사람들과 얼굴을 마주 하고 살지만, 그것이 만남으로 이어지는 경우는 드뭅니다. 자신의 방식에 단단히 고착되어 있기 때문에, 대하는 사람이 실제로 어떤 사람인지 전혀 인식하지 못합니다.

　예수는 길에서 강도를 만나 가진 것을 전부 **빼앗기고** 매를 맞아 죽어가는 사람을 사제나 레위인처럼 그냥 지나치지 않은 어떤 사마리아 사람에 대해 이야기합니다. 그 사마리아 사람은 강도에게 당한 사람의 상황을 바로 인식하고 그에게 필요한 조치를 취합니다.(루가 10,25~37)

자기 자신과 자기 문제에만 몰두해 있으면 다른 사람을 참되게 만날 수 없다. 우리는 상대방에게 정말 필요한 것을 보지 못하고 결국 상처를 주고 만다. 만남에는 그 사람과 관계를 만들어서 그를 나의 한 부분으로 받아들이고 배려해 주는 용기가 필요하다.

# 인생의 막다른 길에서의 만남

우리는 죄의식으로 자신을 너무나 부끄럽게 여기고 그런 자신을 받아들이지 않을 때 사랑하는 사람과의 만남을 두려워합니다. 이 죄의식은 우리가 다른 사람의 입장에 서는 것을 방해합니다. 예수가 이야기한 탕자가 바로 그러한 처지에 놓여 있습니다. 그는 자신의 삶을 탕진하고 이제 인생의 막다른 길에 이르렀습니다. 절망에 빠진 그에게는 아버지에게 돌아가는 것 말고 할 수 있는 일이 아무것도 없습니다. 그 아버지의 마음은 어떠했을까요? 아버지는 연민에 가득 차 아들에게 달려가서 정답게 얼싸안습니다. 그 따뜻한 포옹은 아들의 모든 두려움과 자책감을 사라지게 합니다. 그래서 만남은 축제가 됩니다. 질책하는 대신에 자아를 잃어버린 아들을 품에 안게 된 기쁨에 아버지는 아들과 함께 잔치를 벌입니다.(루가 15,11~32)

그는 자신이 죽었다는 것을 안다. 그리고 아버지와의 만남에서 다시 생명을 받았다는 것을 알고 있다.

## 아무 조건없는 만남

진정한 만남에는 판단이나 평가가 없습니다. 만남은 서로의 선함을 이끌어 냅니다. 만남은 그 사람 안에 있는 선한 본질을 만나게 합니다. 만남은 상대방을 변화시키려 하는 대신에 그를 조건 없이 받아들입니다. 바로 이체험, 받아들여진다는 체험이 그에게 스스로 변화할 가능성을 줍니다. 그러나 내가 그를 변화시키려 한다면, 그는 이것을 과제로 느낄 것입니다. '그는 현재의 나를 좋아하지 않는다. 그 사람은 내가 달라져야만 나를 받아들일 것이다.' 라고 생각할 것입니다.

　예수는 욕심껏 많이 돈을 긁어모으는 것으로 자신의 왜소 컴플렉스를 극복하려 한 세리 자캐오에게 있는 그대로 그의 모습을 이야기해 줍니다.(루가 19,1~43) 이것이 그를 변하게 만듭니다. 그리고 자신의 선한 본질을 접하게 됩니다. 그는 이제 더 이상 동족을 배반할 필요가 없습니다. 이제는 그를 신뢰하는 사람들과의 만남에서 기쁨을 느낍니다.

멸시당하고 비판받는 사람은 남에게는 적게 주고 자신은 많이 가지려 하며 다른 사람 위에 서기 위해 더욱 가혹해질 수밖에 없다.

## 자유로운 변화를 낳는 만남

진실한 만남은 그 사람 스스로 자유로이 변화할 수 있는 영역을 만들어 줍니다. 조건 없는 사랑의 영역 안에서 그는 자신의 삶을 기뻐할 수 있습니다. 기쁨은 그를 자유롭게 하고 소극적인 행동양식을 버리게 합니다.

우리가 다른 사람을 변화시키려고 하는 한, 그는 자신의 행동양식을 끝까지 완강하게 고집할 것입니다. 그는 자신이 옳다고 주장합니다. 진정한 만남은 다른 이의 선한 마음 속에 자리잡고 있는 신뢰로부터 가능해집니다.

만남은 기적을 만든다. 만남은 사람의 선한 본질을 이끌어내고, 그를 비판하던 사람이 상상조차 할 수 없었던 모습으로 그를 자유롭게 바꾸어놓기 때문이다.

# 생의 마지막 만남

만남은 흔히 예측할 수 없을 때, 가망이 없어 보이는 상황에서 일어날 때가 많습니다. 극단적 상황에서 만남이 일어날 수도 있습니다. 루가는 마지막 순간의 그러한 만남을 이야기합니다. 예수가 두 명의 죄인 사이에서 십자가에 매달려 있습니다. 세 사람 모두 빈사상태에 놓여 있습니다. 그 순간 죄인 하나가 예수에게 그의 나라에 들어가거든 자기를 생각해 달라고 간청합니다.

예수가 그에게 "오늘 너는 나와 함께 천국에 들 것이다."라고 말합니다.(루가 23,39~43)

마지막 순간에 죄인을 변화시키는 만남이 일어난 것입니다. 이 만남은 죄를 범하고 자신의 삶을 파괴한 죄인에게서 그 무언가를 이끌어냅니다.


우리를 치유하여 온전하게 만들고 우리에게 새로운 삶을 약속하는 그런 만남이라면, 때늦은 만남이란 결코 없다.

## 부활과 만남

우리는 자신 안에 갇혀서 우리의 삶과 우리에게 일어난 일로 인해 실망합니다.

두 제자 역시 스승의 죽음에 실망하고 예수를 떠납니다. 그들은 모든 희망을 예수에게 걸었습니다. 그런데 그 희망이 깨졌습니다. 그리고 예수는 길에서 그를 알아보지 못하는 제자들을 만납니다. 예수는 그들이 하는 말을 조용히 들을 뿐 그들의 말을 평가하지 않습니다.

예수는 그들과 함께 지내기로 하고 그들을 위해 빵을 쪼갭니다. 그 순간 그들은 모든 것을 깨닫게 되고 예수를 알아봅니다. 이것은 내가 알고 있는 만남의 묘사 중에 가장 아름다운 묘사입니다. 만남이 성공적이라면 나의 마음은 불타오르며 깨닫게 될 것입니다. 나는 내 생명의 신비를 인식하고 부활을 체험하게 될 것입니다. (루가 24,13~35)

나에게 새로운 생명은 가능하다. 나는 다른 길을 통해 내가 온 그곳으로 돌아갈 수 있다.

# 완전한 만남

"나는 네가 될 것이다." 마르틴 부버는 만남의 본질을 이렇게 기술합니다. 만남 속에서 나는 너를 통해 나의 진실한 자아를 발견합니다. 부활 후에 두 제자를 만났을 때, 예수는 "나는 곧 나 자신이다."라고 말했습니다. 예수가 곧 예수 자신이기에, 그는 제자들과의 만남을 통해 그들 자신이 되는 것을 가능하게 해줍니다. 우리는 우리가 온전히 우리 자신이라고 생각합니다. 그러나 내가 일을 하거나 다른 사람과 말을 할 때, 나는 참으로 나 자신일까요? 아니면 나를 다른 사람에게 맞추는 것일까요?

진실한 만남은 내가 맡고 있는 모든 역할에서 나를 놓아주며 내가 쓰고 있는 모든 가면을 벗어 던지게 해줍니다. 나는 거짓으로 꾸민 나를 표현하는 대신에 고유한 나에게 말할 수 있는 용기를 얻게 될 것입니다. 다른 사람을 신뢰하면 할수록 나의 고유한 진실을 더 많이 발견하게 될 것입니다.

우리가 많은 만남의 사건을 마무리하면서 정식화할 수 있는 가장 아름다운 깨달음은 이렇다. '나는 곧 나 자신이다. 나는 하느님이 만드시고 의도하신 그대로 완전해진 나이다.'

지은이 **안젤름 그륀**Anselm Grün

독일 성 베네딕토회 뮌스터슈바르작 수도원의 수사 신부이며 신학박사이다. 성서와 사막 교부들의 가르침, 융의 분석심리학 등을 연구하였다. 현대인에게 그리스도교 영성을 소개하는 세계적인 영성지도자이다. 저서로 『내 나이 마흔』, 『너 자신을 아프게 하지 말라』 등 80여 권의 책을 펴냈다.

옮긴이 **최영균** 수원교구 사제
사　진 **미카 폴리츠키**Micha Pawlitzki

# 완전한 만남Das Glück der Begegnung

**교회인가** 2005년 8월 19일 **초판 인쇄** 2005년 8월 25일 **초판 발행** 2005년 8월 30일 **지은이** 안젤름 그륀 **사진** 미카 폴리츠키 **옮긴이** 최영균 **펴낸이** 장말희 **펴낸곳** 도서출판 장락 **출판등록** 1991년 7월 25일(제21-251호) **주소** 110-350 서울시 종로구 운니동 65-1 월드오피스텔 1103호 **전화** (02)3673-0315, 6 **팩시밀리** (02)3673-0317 **ISBN** 89-85262-78-5 93230 **정가** 6,000원